마음꽃 달항아리

작가기획시선 040

마음꽃 달항아리

권갑하 달항아리 연작 단시조집

작가

■ 여는 마음

'달항아리'라는 하나의 상징 아래,
흔들리는 마음과
고요 속에 깃든 삶의 빛을 시로 옮긴
일흔일곱 편 시조의 여정입니다.

이 모든 시는
달항아리를 향한
저의 조용한 그리움입니다.

말없이 빛나는 존재,
비워서 더 깊어진 마음—
님의 마음에도
둥근 마음꽃 하나
환히 피어나기를 소망합니다.

2025년 봄
권갑하 드림

차 례

여는 마음

제1부 혼으로 피어난 빛

달항아리 — 혼불　13
달항아리 — 무위　14
달항아리 — 곡선　15
달항아리 — 희원　16
달항아리 — 조화　17
달항아리 — 혼빛　18
달항아리 — 백의　19
달항아리 — 마음　20
달항아리 — 고요　21
달항아리 — 일심　22
달항아리 — 헌신　23
달항아리 — 하양꽃　24
달항아리 — 항아　25
달항아리 — 동행　26
달항아리 — 설백　27
달항아리 — 만삭　28

제2부 침묵의 불꽃

달항아리 — 침묵 31

달항아리 — 고백 32

달항아리 — 무미 33

달항아리 — 눈물 34

달항아리 — 실금 35

달항아리 — 균열 36

달항아리 — 얼룩 37

달항아리 — 불면 38

달항아리 — 달멍 39

달항아리 — 초연 40

달항아리 — 시름 41

달항아리 — 욕망 42

달항아리 — 충만 43

달항아리 — 번민 44

달항아리 — 울림 45

달항아리 — 열망 46

제3부 너를 품은 달

달항아리 — 부재 49

달항아리 — 자존 50

달항아리 — 포용 51

달항아리 — 엄마달 52

달항아리 — 눈빛 53

달항아리 — 월광 54

달항아리 — 설중매 55

달항아리 — 축복 56

달항아리 — 용서 57

달항아리 — 버나드 리치 58

달항아리 — 자적 59

달항아리 — 행복 60

달항아리 — 인연 61

달항아리 — 공감 62

제4부 낮추어야 머무는

달항아리 — 여백 65

달항아리 — 좌선 66

달항아리 — 변주 67

달항아리 — 품위 68

달항아리 — 관조 69

달항아리 — 욕심 70

달항아리 — 술독 71

달항아리 — 중용 72

달항아리 — 합일 73

달항아리 — 도량 74

달항아리 — 격조 75

달항아리 — 장독 76

달항아리 — 청빈 77

달항아리 — 물독 78

달항아리 — 선비정신 79

달항아리 — 어기 80

제5부 다시 숨 쉬는 고요

달항아리 ─ 숨결 83
달항아리 ─ 회귀 84
달항아리 ─ 영원 85
달항아리 ─ 파란 86
달항아리 ─ 눈꽃 87
달항아리 ─ 새벽 88
달항아리 ─ 맨살 89
달항아리 ─ 소망 90
달항아리 ─ 만월 91
달항아리 ─ 독락 92
달항아리 ─ 적요 93
달항아리 ─ 꿈 94
달항아리 ─ 핏줄 95
달항아리 ─ 궁리 96
달항아리 ─ 설일 97

해설
불꽃처럼 타오르는 영원의 흰 빛_유성호 98

남는 마음

제1부
혼으로 피어난 빛

불사른다,
흙과 숨, 고요한 기다림까지—
불꽃처럼 스며든 혼,
달빛으로 피어난다.
그 안에 비움이 있고,
곡선이 있으며,
마침내 '하얀보다 더 하얀'
생명의 노래가 있다.

달항아리
— 혼불

둥근 가마 속에
생을 밀어 넣는다

불꽃처럼 타오른 혼,
맑고 희게 피어난

깨져도 꺼지지 않는
영원의 빛 품었네

달항아리
— 무위

물에
붓을 씻듯
나를 풀어 버리고

흔들리는 생각마저
희게
태워버리고

둥글게
어수룩한 대로

텅 비어
헛헛한 대로

달항아리
— 곡선

달의 미소처럼
부드럽게 기운 숨결

가장 낮은 자락에
고요히 중심을 품고

너 닮은
기운 선 하나에
비움과 품음 다 담겼네

달항아리
— 희원

채우고 비웠으니
마음 얹어 가시라

조금은 이지러져
더욱 둥그런 우리들

품어온 그대 바람 속
달도 꺼내 가시라

달항아리
— 조화

흙의 꿈
불의 사랑
영원이 피어난다

하나의 생명
하나의 비밀
그 빛 속에
그 시간 속에

무한한
고요 한 조각
한 줄기로 엮인다

달항아리
— 혼빛

빈 듯
가득 찬 듯
거룩한 적막 같다

오래
사위어간
숨결마저 해묵은

빛바랜
어머니 무명
희끗희끗 비친다

달항아리
— 백의

조막손이 움켜쥔
하얀 쌀밥 한 톨

얼어붙은 땅을 뚫고
생명은 깨어나네

둥글게 품고 이어갈
조선의 흰 숨결

달항아리
— 마음

불살라야
행간의 생각
숨결마저 불살라야

총총
눈 뜰 때까지
맑게 스밀 때까지

속껍질
벗고 또 벗어
그림자마저 불살라야

달항아리
— 고요

어둠과 어둠 사이
웃음과 웃음 사이

눈빛 씻어내듯
말은 깊이 삼킨다

헛헛한
갈망의 떨림
귀 따가운 저 침묵

달항아리
— 일심

두 팔
크게 벌리니
고요히 네가 스민다

비운 속
가득 찬 마음
너와 내가 하나다

번져라
무심한 달빛
심연까지 물들이며

달항아리
— 헌신

맑고 흰 그대 눈빛
모든 것 품어주고

흠까지도
어루만지는
원만한 그대 가슴

사무쳐
바친 그 마음
빛을 잃지 않으리

달항아리
— 하양꽃

하얀보다 더 하얀
눈물보다 더 맑은

온몸을 불살라
숨결로 길어 올린

하양꽃,
하얀보다 더 하얀
고요 속 눈 뜬 혼빛

달항아리
— 항아

은빛 숨결 스미면
먼 하늘 항아가 뜨고

흰 강은 소리 없이
그녀를 감싸안네

물비늘 흔들릴 때마다
내 안 깊이 뜨는 달

달항아리
— 동행

살며시 기운 마음
둥글게 감싸주고

잔금진 속울음도
고요하게 품었네

티 없이
맑고 밝구나
달빛 속 두 영혼

달항아리
— 설백

눈꽃 스민 자리
실금 잘게 머금은

은빛 고요를 안고
둥글게 나를 품는

속 깊은 어머니 마음
눈물로 반짝이네

달항아리
— 만삭

흙의 핏줄로 빚은
생명의 둥근 집

뜨거운 그대 숨결에
얼굴을 부비느니

우렁찬 탄생의 울음,
맑게 펼칠 새 하늘

제2부
침묵의 불꽃

가장 뜨거운 것은
소리 없이 타오른다.
안으로 타오르며
실금 하나로 기억을 새긴다.
스며든 울림은
눈물보다 조용하고,
욕망보다 깊다.
고요의 심연 속에서
불은 꺼지지 않았다.

달항아리
— 침묵

퍼붓던
말들 거두고
여백만이 흐르네

속 깊이
갈무려온
맑고 둥근 울림

꽃처럼
피어오르며
고요히 나를 덮네

달항아리
— 고백

가만히 앉아서
너를 오래 안는다

내 침묵은 언제나
너를 향해 있어

단 한 번 눈길 닿아도
세상 울릴 것이다

달항아리
― 무미

식은 사랑의
눈빛 같지만
깊고 그윽한

맑고 고요하지만
안으로
메아리치는

담담히
영원을 좇는
저릿저릿한
숨결이여

달항아리
— 눈물

너를
떠나보내고
나는
희게 늙었다

불꽃 같던
그리움도
고요히
스며들고

깊어진
시간 저편에
반짝이며
흐르네

달항아리
— 실금

금이 가네
자갈자갈
스멀스멀
금이 오네

피어선
외롭더니
지고나니
서러워라

금 오간
시간 위에서
웃고
울며
빛나네

달항아리
— 균열

온몸을
자디잘게
부셔온
한 생이여

금 간
자리마다
깊게 스민
맑은 별빛

그 눈빛
촘촘히 새겨
더 은은한
종소리

달항아리
— 얼룩

낙관을 찍지 못한
도공의 지문일까

간장독으로 견딘 사옹원 수라간 시간*

그 아픔
눈물꽃 피어
스민 숨결 뜨겁네

* 몸통에 얼룩이 있는 국보 제309호 백자 달항아리.

달항아리
— 불면

등굽은
뒤척임에
실금처럼 깨어나는

지우면
더 또렷해지는
은빛 꿈의 파편들

몽롱한
달빛을 감고
나를 빚는 시를 쓴다

달항아리
— 달멍

하늘이 캄캄해지면
너를 품에 안는다

산산이 부서지다
조용히 밀려오는

희디흰 넋의 강물에
씻겨 가는 멍 하나

달항아리
— 초연

못내 아쉬워도
고개 돌리지 않고

흔들리던 달빛조차
깊이 삼켜 묻어두고

꽃 피고 새가 울어도
들뜸 없이 둥글다

달항아리
— 시름

눈 내린 뒤뜰에
달빛 가득 퍼지네

감아도 지워지지 않는
내 꿈 환히 밝히는 밤

건넌방 손주 울음소리
가슴에 밀려드네

달항아리
— 욕망

꾹 숨 막히도록
차마차마 욱여넣어도

터질 듯 차오른 가슴
흰 달빛 머금어도

온몸을 불사른 끝에야
다만 남는
빈 그릇

달항아리
— 충만

한 술도 뜨지 않았는데
배가 이리 부르네

속 다 비우고 나니
더 할 말 이젠 없다

마음도 시간도 잊고
빈 속에 나를 담네

달항아리
— 번민

꽃 진 빈 자리를
바람 되어 맴도네

떨리던 별빛마저
어둠 속 흩어지고

달빛은 쏟아지는데
나는 다시 깨어나네

달항아리
— 울림

나를 들여다본다
끝없는 갈망의 순환

때론 꽃을 피우고
눈물 담아내지만

허공 속 메아리치는
내 안에 샘솟는 빛

달항아리
— 열망

아무 말은 않지만
숨결 이리 뜨겁다

비운 듯 앉아서
끝없이 너를 안고

단 한 번 눈길만 줘도
내 안의 빛 터지리

제3부
너를 품은 달

안는다.
가족의 숨결, 연인의 눈빛,
그리움의 이름까지—

너를 품을 때
눈물은 빛으로 번지고,
침묵은 메아리 되어
내 안 깊숙이 스민다.

사랑은 멀리 있지 않다.
찰나의 떨림 속에서
나는 다시 너를 품는다.

그리고 조금씩
달이 된다.

달항아리
— 부재

그대 남긴 빈자리
달 저문 그믐 같다

몇 해를 건너왔나
다신 뵐 수 없어도

어스름
달빛 차림으로
오실 듯한 어머니

달항아리
— 자존

누가 빈자리로
슬픔을 채우랴

한 자리 있는 그대로
너는 홀로 빛난다

<u>스스로</u>
불을 켜 드는
견고한 고독의 꽃

달항아리
— 포용

삶이 무거울 땐
속 숨 크게 고르고

가만히 가슴 열어
숨결 깊이 품어보면

없는 듯
흐르는 눈물
내 안 깊이 번지리

달항아리
— 엄마달

엄마~
하고 부르면
금방 달려나오실 듯

정든 집
지붕 위로
둥근 달이 떠오른다

추억은
낡고 삭아도
변함없는 엄마달

달항아리
— 눈빛

흰 숨결 스미면
가슴에 파문 인다

그윽히 젖어드는
말없는 고백처럼

안으로 가만히 스미는
떨리는 눈물 한 점

달항아리
— 월광

너 떠난 빈 하늘
그리움 불 밝힌다

너로 하여 이토록
훤히 빛나는 것임을

막막한
내 어린 사랑도
너로 하여 못 멈춤을

달항아리
— 설중매

칼바람 날선 맹서,
봄꿈처럼 꺾였나

겨울을 배웅하는
절명의 끝자락에서

담담히 꽃불 밝히네
눈물 맺힌 서러운 시

달항아리
— 축복

가만히 빈 가슴
홀로 어루만지다가

상흔 덮고 오는
눈발을 맞노라면

허전한 빈 손마저도
넘치는 축복임을

달항아리
— 용서

어둠을 움켜쥐고
몸부림친 지난 밤

별들 안타까웠나
뜬눈으로 지새우네

신새벽,
다 삭은 시름
안고 넘는 마음산

달항아리
— 버나드 리치*

"너를 얻고 나니
행복이 함께 왔다"

남긴 그 한 마디가
항아리에
서려 있다

바깥을
떠돌던 마음
그윽하게 꽃핀다

* 버나드 리치Bernard Leach가 1935년 서울 방문 시 구입한 달항아리가 현재 런던 영국박물관에 전시되어 있다.

달항아리
— 자적

속 다 비우고
남 쫓지 않고

주는 듯 너그러이
받는 듯 느긋하게

텅 빈 방
허공을 빌려
나를 내가 밝힌다

달항아리
— 행복

영원을 꿈꾸는
하얀 집이 내겐 있고

텅 비어 더욱 깊이
피어나는 둥근 숨결

가만히 웃는 밤하늘
너를 닮아 빛난다

달항아리
— 인연

억겁의 세월 건너
마주친 반가움인가

지금 막 피어나는
그대라는 한 줄기 빛

한사코 떨쳐 보려 해도
달라붙는 이끌림

달항아리
— 공감

둥글게 품어 안은
넉넉한 가슴으로

환한 달빛에도
귀 기울인 눈빛 경청

안으로 공명이 일면
내가 먼저 벙근다

제4부
낮추어야 머무는

말을 줄이고,
마음은 낮추고,
단정한 자리는 오래 남는다.
소리 없이 익히고,
빛 없이 우러난다.
비우고 또 비우니
지혜가 깃든다.
담백한 그릇 하나,
세상을 품는다.

달항아리
— 여백

모두 지워버리고
끝내 말하지 않는

비워 영원을 좇는
허공의 마음이여

감아도 사라지지 않는
그리움의 잔영들

달항아리
— 좌선

똑바로 앉아서
마음의 턱을 당기고

둥글게 접은 몸을
속으로 밀어넣는다

오롯한
무심無心만 간절히
나를 지울 때까지

달항아리
— 변주

안으로
울음을 긷는
고요의 노래일까

한 생으론
다 못 짠
금이 간 사연 있어

빈 가슴
이음매 잡고
동 틔우는 새벽빛

달항아리
— 품위

열사흘 달처럼
살짝 이지러져도

기운 입술 따라
거친 굽이 흔들려도

고요히 품은 저 숨결
얼룩까지 빛나네

달항아리
— 관조

끓이고
또 끓여
물이 불을 품듯

삭이고
또 삭여
불이 물을 머금듯

지극한
담담함으로
풀고 맺을 일이다

달항아리
— 욕심

비워야 보여요
나눠야 빛나죠

얻을 수 없더라도
욕되게는 말아요

비우고 나누고 나니
마음 내게 오네요

달항아리
— 술독

묵은 슬픔 삭히며
숨죽여 익어간다

세상 덥힐 온기 속
쓴맛은 단맛 되고

다시 또 비워내리니
그윽한 눈물 한 잔

달항아리
— 중용

굽이 좁은 만큼
바람의 키를 낮추고

속의 것 다 비우니
빛마저 한 결 같다

삼가듯 혼자일 때도
단정한 이 몸가짐

달항아리
— 합일

너와 내가
만나
하나로 둥글어지고

이별마저
껴안은
부드러운 결이 되어

달무리
드리운 상흔
언약처럼 품었네

달항아리
— 도량

입 닫고 가슴 여니
너나없이 좋아라

속 다 비우고 나니
비로소 차오르는

넓고도 깊은 그 마음
나를 가만 울리네

달항아리
— 격조

흐트러짐 없이
내 모습 있는 그대로

긴 세월 품어낸
지울 수 없는 무늬

간맞춤, 꾸밈 없이도
절로 우러나는 향

달항아리
— 장독

가슴은 둥글고
속은 비워야 해

절이고 삭여야
향은 깊어지며

햇살도
안으로 스밀 때
맑아지는 숨결이야

달항아리
— 청빈

꽃도 마다하고
새도 날려 보내고

허기조차 내색 않는
묵묵한 그 기품

밤이면 달빛 머금어
어둠마저 감싸네

달항아리
— 물독

물을 독에 담으면
정精과 기氣가 맺혀

오래 머금으면
말씀처럼 깊어지네

내 안의 고요한 물독
살아있는 푸른 기운

달항아리
— 선비정신

소매 다 해진
흰 두루마기 한 벌에도

뼛속을 겨누는
서릿발 칼바람에도

담담히
풍설에 맞서는
꺾이지 않는 흰 기품

달항아리
— 어기

"이제부터 임금의 그릇은 백자로 하라"*

세종의 맑은 뜻
검소한 조선의 결

늘 새론,
질리지 않는
생명 품은 큰 그릇

* 성현 『용재총화』

제5부
다시 숨 쉬는 고요

생의 파란을 지나
새벽 눈동자처럼 깨어날 때,
우리는 알게 된다.

잊힌 줄 알았던 이름,
검게 스민 금,
핏줄처럼 이어지는 꿈—

그 모든 시간들이
달처럼 되돌아와
또 한 번, 숨을 쉰다.

고요는,
다시 피어나는 삶이다.

달항아리
— 숨결

빛으로 증언하는 묵묵한 고백엔
혼을 불태운 이의 숨결이 배어 있다

아내의 잠처럼 깊은
우주의 푸른 숨소리

달항아리
— 회귀

빈 손에
울며 와서
울음 속에 돌아가네

만나고 헤어짐도
뜨거웠던 얽힘도

통째로
속을 비우고
침잔하는 저 고요

달항아리
— 영원

누가 저
깊은 시간을
이토록 품었을까

흰 숨결
잠결 속에도
은근히 타오르고

고요한
어둠을 건너
은하처럼 흐르네

달항아리
— 파란

덜컥 소스라치거나
울음 터뜨릴 새도 없이

산산이 부서지는
그런 꿈에 젖곤 하지

다 깨진 하늘이 순간
둥근 달로 뜨곤 하지

달항아리
— 눈꽃

하늘의 꽃을 따서
반짝이는 집을 짓고

사르르 녹는 미소를
꽃밥처럼 안치네

숨죽여 파르르 떨던
여린 입술 내 사랑

달항아리
— 새벽

어둠을 빠져나오는
여명의 몸부림

눈동자 첫 깜빡임
그림자를 품었네

걷어낸 어둠의 자락
번지는 빛의 향연

달항아리
— 맨살

참 거친 삶이었지
찢기고 갈라지고

뒤섞인 눈물 콧물
호호 불며 지새웠던

흰 가슴
검게 스민 금
울아버지 속울음

달항아리
— 소망

고요히 숨을 고른
둥글고 빈 마음으로

그대 삶 깊은 결에
맑은 기도 올리나니

그대 안
환히 피어나는
따뜻한 위안이기를

달항아리
— 만월

눈 감아도
속엣말 들을 수 있겠지요

반백이면 어때요
허공 만발했는데요

못한 말 아직 남았나요
덮어줘요 허물은

달항아리
— 독락

마음의 첩첩산중으로
몰래 숨어 들어가

숨겨온 광기를 풀어
알몸으로 휘감는다

제 홀로 흥에 물드네,
넘치도록 가볍게

달항아리
— 적요

누가 지나갔길래
이리 귀 먹었나요

빈자리 서러워도
눈멀지는 말아요

다 가고 올 이 없으면
그 때 다시 눈 뜰게요

달항아리
— 꿈

가슴에 벼린 뜻은
맑고 결연하지만

두 손에 받들면
둥글게 부풀어오르고

허공에 흩뿌린 선율
별처럼 반짝인다

달항아리
— 핏줄

뉘의 살결이기에
이리도 맑고 흰가

도톰한 입술이며
고집스런 굽까지

배튼 살
끊이지 않는
식지 않을 저 숨결

달항아리
— 궁리

잎 내랴 꽃 피랴
둥글게 부푼 가슴

물음표 같은 엉덩이
시름을 깔고 앉아

이 생각 저 생각 속에
길을 잃고 말았네

달항아리
— 설일

하늘을 품었는지,
순결한 맑은 심성

밤새 돌린 물레,
하얀 옷 차려 입고

한마음 온누리 가득
사랑으로 빛나네

| 해설 |

불꽃처럼 타오르는 영원의 흰 빛
— 권갑하의 '달항아리' 연작

유성호(문학평론가, 한양대학교 국문과 교수)

1. 달항아리에서 비롯한 미학적 전율의 선명한 각인

한국 시조시단의 중진 권갑하 시인의 시조집 『마음꽃 달항아리』(작가, 2025)를 천천히 소리내어 읽어본다. 율격적 배려가 특별히 눈에 띈다. 이번 시조집의 실질적 주인공인 '달항아리'는 조선 후기에 창안된 백자白磁로서, 조선백자의 특징인 온화한 흰 빛과 유려하고 원만한 곡선 형태를 갖춘 예술품으로 유명하다. 이러한 달항아리의 속성과 비유적 의미망을 시인은 회화로 그려내었고, 이어 '단시조'라는 양식에 의탁하여 표현하고 확산해왔다. 매력적 볼륨과 질감, 공간감을 견지하고 있어 많은 이들의 인기를 한 몸에 받아온 달항아리는 이로써 권갑하의 그림과 시조로 되살아나게 되었다. 해외에서도 도예가들로부터 큰 관심을 받고 있는 예술품이자 이제는 아름다운 외관을 통해 다양한 색상과 형상으로 그려지는 달항아리의 예술적 결실을 시인은 풍요롭게 생성시키고 있는 것이다.

권갑하의 그림에는 여백의 미를 살린 사례도 있고, 현대성을 여러 차원으로 갖춘 역동적 실례도 적지 않다. 이 그림들은 달항아리라는 대상을 온전하게 재현하고 감각적으로 확장하는 데 집중한다. 이때 시인은 미학적 전율을 환기하면서 가장 근원적인 고요함과 역동성을 가멸차게 보여준다. 그럼으로써 달항아리의 궁극적 존재증명을 예술적으로 수행해간 것이다. 아름답고 단단한 회화적 의장意匠들이 다가오는 순간, 우리는 심원한 파문 속에서 한없는 예술적 울림과 떨림을 경험하게 된다. 그리고 이러한 울림과 떨림의 순간은 '단시조'라는 가장 맞춤한 언어예술에 실려 우리에게 복합예술의 한 경지를 경험하게끔 해준다. 반갑고 훈훈하기 이를 데 없는 일이다.

아닌 게 아니라 권갑하 시인은 그동안 써온 '달항아리' 연작 시조를 여기에 갈무리함으로써, 달항아리가 가진 고유 속성을 언어로 담아내고, 사물에 대한 섬세한 관찰과 그로부터 얻은 감동을 우리에게 전해준다. 여기서 단시조는 특유의 응축과 긴장을 통해 사물과 마음 사이의 순간적 점화點火를 첨예하게 수행해간다. 이처럼 권갑하의 단시조에는 사물의 구체성과 함께 시인의 사유와 감각이 담김으로써 달항아리에서 비롯한 미학적 전율이 선명하게 각인되어 있다고 할 수 있다. 이제 그 울림과 떨림의 세계 속으로 한 걸음씩 천천히 들어가 보도록 하자.

2. 내면의 출렁임과 누군가를 향한 그리움의 기율

 이번 시조집 『마음꽃 달항아리』에는, 시인 스스로 고백하였듯이, "흔들리는 마음과/고요 속에 깃든 삶의 빛을 시로 옮긴/일흔일곱 편 시조의 여정"(「여는 마음」)이 가득 실려 있다. 특별히 이번 시조집은 달항아리에서 유추한 인상과 이미지를 가장 육화된 언어로 표현한 미학적 정화精華가 매우 많다. 그것들은 대체로 시인 자신의 내면을 고백한 사례, 사랑과 그리움을 토로한 사례, 달항아리의 물성物性을 묘사한 사례, 예술적 자의식을 암시한 사례, 윤리적 태도의 차원을 유추한 사례, 삶의 본령을 비유적으로 노래한 사례 등으로 한없이 번져간다. 이 모든 형상이 단시조에 입혀 있다는 사실은 매우 중요한데, 말하자면 그것은 회화예술과는 다른, 그러면서도 그것과 통합되고 서로 화창和唱하는 함축적 언어예술로서의 정형적 극점을 이룬 사례들일 것이기 때문이다. 이제 시인 자신의 내면을 고백한 사례들을 한번 살펴보자.

누가 빈자리로
슬픔을 채우랴

한 자리 있는 그대로
너는 홀로 빛난다

<u>스스로</u>
불을 켜 드는
견고한 고독의 꽃

—「달항아리 - 자존」전문

물을 독에 담으면
정精과 기氣가 맺혀

오래 머금으면
말씀처럼 깊어지네

내 안의 고요한 물독
살아있는 푸른 기운

—「달항아리 - 물독」전문

시인은 달항아리의 '비어 있음'과 '홀로 있음'을 슬픔으로 채우고 있는 상태를 일러 홀로 빛나는 '고독'의 결정結晶으로 읽는다. 그렇게 "불을 켜 드는/견고한 고독의 꽃"이야말로 달항아리의 자존自尊이자 시인 스스로의 존재 방식이기도 할 것이다. 그렇게 시인은 "속 다 비우고 나니/비로소 차오르는"(「달항아리 – 도량」) 마음으로 세상을 견디고 건너감으로써 스스로의 자존을 완성한다. 그리고 시인은 '물독'이라는 달항아리의 변형을 빌려 "정精과 기氣가 맺혀" 있는 말씀을 떠올린다. 그 말씀처럼 깊어진 "내 안의 고요한 물독"이야말로 "살아있는 푸른 기운"의 원천이 아닐 것인가. 그렇게 권갑하 시인은 "맑고 고요하지만/안으로/메아리치는"(「달항아리 – 무미」) 마음으로 "속 깊이/갈무려온/맑고 둥근 울림"(「달항아리 – 침묵」)을 스스로에게 부여해간다. 모든 것이 '달항아리=시인'이라는 실존적 등식에 충실한 마음의 발로發露였을 것이다. 다음은 시인이 마음 가득 품은, 누군가를 향한 사랑과 그리움의 노래들이다.

너 떠난 빈 하늘
그리움 불 밝힌다

너로 하여 이토록
훤히 빛나는 것임을

막막한
내 어린 사랑도
너로 하여 못 멈춤을

―「달항아리 – 월광」 전문

그대 남긴 빈자리
달 저문 그믐 같다

몇 해를 건너왔나
다신 뵐 수 없어도

어스름
달빛 차림으로
오실 듯한 어머니

―「달항아리 – 부재」 전문

서정시는 2인칭의 부재로 인한 결핍의 미학에 스스로 문을 여는 장르이다. 그 부재를 현실적으로 해소하려는 것이 아니라 그 상황을 스스로의 실존으로 받아들이는 견인堅忍의 미학이 서정시의 권역을 충일하게 채우고 있는 것이다. 권갑하 시인은 "너 떠난 빈 하늘"에 그리움의 불을 밝히면서 그 '너'로부터 비롯한 "이토록/훤히 빛나는 것"을 깊이 마음에 품는다. 그렇게 "막막한/내 어린 사랑"은 '너'로 하여 멈추지 못할 것이다. 한없이 밝은 '월광月光'을 제재로 하여 빛나는 그리움의 정채精彩를 노래한 결실인 셈이다. 이러한 사랑과 그리움의 시학은 "감아도 사라지지 않는/그리움의 잔영들"(「달항아리 – 여백」)로 남아 우리로 하여금 "그대 안/환히 피어나는/따뜻한 위안"(「달항아리 – 소망」)을 느끼게끔 해준다. 그런가 하면 시인은 "그대 남긴 빈자리"의 주인공을 '어머니'라는 가장 구체적인 2인칭으로 설정하여 "달 저문 그믐"처럼 비어 있는 "다시 뵐 수" 없는 그분을 호출한다. 이제 "어스름/달빛 차림으로/오실 듯한 어머니"의 아득하고도 선명한 '부재' 앞에서 아들은 "속 깊은 어머니 마음/눈물로 반짝"(「달항아리 – 설백」)이던 순간을 떠올리고 "추억은/낡고 삭아도/변함없는 엄마달"(「달항아리 – 엄마달」)을 불러오는가 하면, "흰 가슴/검게 스민 금/울 아버지 속울음"(「달항아리 – 맨살」)까지 지금—여기로 안아 들인다. 이 모든 것이 '시인 권갑하'의 존재론적 원형을 사랑과 그리움으로 소환한 낱낱 작품들인 셈이다.

가장 짧은 노래인 '단시조'는 우리의 반복적 향수를 충실하게 견뎌내면서 항구적 기억을 촉진해준다. 그만큼 단시조는 율독을 통해 정형성을 최대한 느끼게 해주는 전형적 사례이다. 그만큼 우리는 그 안에서 '정형의 꽃'으로서의 언어경제학을 한껏 경험하게 된다. 권갑하 시인은 단시조 안에 '달항아리'로부터 발원한 내면의 출렁임과 누군가를 향한 그리움의 기율을 구축해감으로써 한국 시조시단의 한 모뉴멘트monument를 건설하고 있다. 율격적 측면에서는 정해진 형식적 제약을 감내하면서도 그 안에서 가장 근원적이고 기억할 만한 해석과 명명 그리고 감각을 환하게 보여주고 있는 것이다. 물론 단시조는 삶의 전체성을 보여주거나 서사적 계기를 담아내는 데는 너무도 분명한 형식적 제약을 가지고 있다. 하지만 권갑하 시인은 달항아리가 선사하는 '충만한 현재형'을 통해 가장 긴장된 아름다운 노래를 한없는 열정으로 들려준다. 그의 이번 시조집은 이러한 양식적 제약을 넘어서는 한편, 서정시의 정점으로서의 정서적 위상을 단호하고도 집중적으로 보여준다. 이 점, 달항아리를 닮아 한없이 가없고 융융하게 다가온다.

3. 보편적인 예술적 자의식을 통한 '시인 권갑하'의 존재론

시조 양식의 존재론적 위의威儀와 가능성은 오히려 우리 시대에 점점 커져가고 있다. 왜냐하면 우리 주위에는 근대에 대한 근원적 반성을 토대로 하여 우리가 잃어버린 원형에 대해 탐색하는 이른바 탈脫근대 혹은 반反근대의 열정이 두드러지게 나타나고 있기 때문이다. 우리가 정형 미학의 가능성을 오늘에 되살려야 하는 까닭도 여기에 있는데, 특별히 단시조는 이러한 문학사적 요청에 대하여 가장 선두에 선 구체적이고 적절한 응답이 아닐 수 없을 것이다. 이는 그것이 짧은 형식의 정수精髓를 통해 시인 특유의 감각과 사유의 첨예한 순간성을 보여줄 수 있는 양식이기 때문이다. 권갑하 시인은 이러한 짧고 함축적인 형식 안에 달항아리의 다양한 물성物性을 감각적 언어로 묘사한 순간을 정성스럽게 들려준다.

<u>흐트러짐 없이</u>
내 모습 있는 그대로

긴 세월 품어낸
지울 수 없는 무늬

간맞춤, 꾸밈없이도
절로 우러나는 향

— 「달항아리 - 격조」 전문

달의 미소처럼
부드럽게 기운 숨결

가장 낮은 자락에
고요히 중심을 품고

너 닮은
기운 선 하나에
비움과 품음 다 담겼네

—「달항아리 - 곡선」 전문

 시인에게 달항아리의 외양은 흐트러짐이 없고, 자연스럽고, 있는 그대로의 모습을 견지하고 있다. 그렇게 긴 세월 품어낸 "지울 수 없는 무늬"와 "간맞춤" 그리고 "꾸밈없이도/절로 우러나는 향"이야말로 시각, 미각, 후각의 다양한 감각을 통해 전해져오는 달항아리의 격조일 것이다. 이렇게 감각의 균형과 격조는 오래도록 시인이 관찰하고 표현해온 달항아리의 "순결한 맑은 심성"(「달항아리 - 설일」)과 "텅 비어 더욱 깊이/피어나는 둥근 숨결"(「달항아리 - 행복」)을 물리적으로 보여주는 산뜻한 장면일 것이다. 이어 권갑하 시인은 달항아리가 가진 곡선의 미학을 집중적으로 노래한다. "달의 미소처럼/부드럽게 기운 숨결"은 가장 낮은 자락에 고요하게 잡은 '중심'을 보여주는데, 그렇게 "기운 선 하나"에 다 스민 "비움과 품음"은 조화로운 다양함의 미학을 담아낸 '곡선'의 내포적 의미를 잘 보여준다. 이러한 곡선의 미학은 "흙의 핏줄로 빚은/생명의 둥근 집"(「달항아리 – 만삭」)이라든지 "조금은 이지러져/더욱 둥그런"(「달항아리 – 희원」) 마음 그리고 "둥글게 품고 이어갈/조선의 흰 숨결"(「달항아리 – 백의」)이나 "둥글게 품어 안은/넉넉한 가슴"(「달항아리 – 공감」)까지 반영해내고 있다. 그렇게 달항아리는 격조 있는 곡선의 빛으로 눈부시게 다가온다. 다음으로 우리는 시인이 특유의 예술적 자의식을 암시한 사례들을 만나보게 된다.

등 굽은
뒤척임에
실금처럼 깨어나는

지우면
더 또렷해지는
은빛 꿈의 파편들

몽롱한
달빛을 감고
나를 빚는 시를 쓴다

—「달항아리 – 불면」 전문

낙관을 찍지 못한
도공의 지문일까

간장독으로 견딘 사옹원 수라간 시간

그 아픔
눈물꽃 피어
스민 숨결 뜨겁네

—「달항아리 – 얼룩」 전문

시인은 예술적 열정으로 불면의 밤을 지내면서 "등 굽은/뒤척임"과 "실금처럼 깨어나는" 꿈결을 되살린다. "지우면/더 또렷해지는" 그러한 "은빛 꿈의 파편들"은 일차적으로는 달항아리의 것이지만, 파생적으로는 "몽롱한/달빛을 감고/나를 빚는 시를" 써가는 '시인 권갑하'의 초상이기도 하다. 달항아리의 예술성과 시인 자신의 예술적 수행성이 창의적으로 결속한 작품인 셈이다. 이처럼 권갑하 시인은 달항아리를 통해 "눈물 맺힌 서러운 시"(「달항아리 – 설중매」)를 쓰고 "안으로/울음을 긷는/고요의 노래"(「달항아리 – 변주」)를 부른다. 모두 "한사코 떨쳐려 해도/달라붙는 이끌림"(「달항아리 – 인연」)을 주는 예술적 자의식의 순간으로 다가오는 것이다. 그런가 하면 시인은 몸통에 얼룩이 남은 국보 309호 백자 달항아리를 통해 '얼룩'이라는 예술적 표지標識에 대한 개성적 사유를 수행한다. 달항아리에 남은 얼룩은 "낙관을 찍지 못한/도공의 지문"일지도 모르고 "간장독으로 견딘 사옹원 수라간 시간"을 담고 있기도 할 것이다. 그러니 "고요히 품은 저 숨결/얼룩까지 빛나"(「달항아리 – 품위」)는 것이 아니겠는가. 그 아픔의 시간이 '눈물꽃'으로 피어 뜨겁게 숨결로 스민 '얼룩'은 이제 누군가의 흠이나 결점이 아니라 "흠까지도/어루만지는/원만한"(「달항아리 – 헌신」) 시간이 담긴 예술 그 자체일 것이다. 그렇게 시인은 '얼룩'이라는 상징을 통해 오랜 시간이 낳은 "빈 듯/가득 찬 듯/거룩한 적막"(「달항아리 – 혼빛」)을 기리고 있다. 한결같이 "행간의 생각/숨결마저 불살라야"(「달항아리 – 마음」) 했던 예인들의 "비운 속/가득 찬 마음"(「달항아리 – 일심」)의 미더운 결실이었을 것이다.

결국 권갑하 시인은 '달항아리'라는 예술적 상징을 통해 '시인'으로서의 불면의 시간과 '도공'으로서의 오랜 시간을 형상화한다. 다시 말하면 시인은 가장 짧은 단시조 안에서 가장 기나긴 시간을 노래함으로써, 그들이 남긴 '시'와 '지문'을 소환한다. 남다른 서정적 직관을 통해 시간을 재현하되 그것을 보편적인 예술적 자의식으로 바꾸어 내고 거기서 '시인 권갑하'의 존재론을 톺아 올리고 있는 것이다. 그만큼 달항아리를 시적 상관물로 한 예술적 발

화의 순간이 권갑하 시조의 중요한 뼈대가 되고 있다.

4. 성스러움을 담은 근원적인 '침묵의 소리'

우리는 다양한 원심적 파격破格이 부박하게 떠도는 시대를 살아가고 있다. 이러한 상황에서 시조는 여전히 중요한 정형 양식으로서의 위상과 가치를 지키고 있다. 다른 전통 양식들이 한결같이 소멸과 변형 양상을 보인 것과는 다르게, 시조가 이러한 생성과 창신創新의 길을 걸어갈 수 있었던 것은 함축과 절제의 서정을 오롯이 지켜왔기 때문일 것이다. 권갑하 시인은 시조를 통해 압축적이고 다양한 서정의 원리를 지켜온 우리 시조시단의 대표 주자이다. 그만큼 그는 형식의 실험이나 변형에 눈 돌리지 않고, 정통적인 정형 미학의 구현과 완성에 항상적으로 매진해왔다. 또한 함축과 절제를 기축基軸으로 하면서 한결같이 시조의 정형성을 지켜왔다고 할 수 있다. 그러한 견고한 형식에의 의지가 그로 하여금 인간의 윤리적 태도 차원을 유추하게 해주었을 것이고, 어쩌면 달항아리에서 인간 윤리의 최전선을 읽어낼 수 있게 해주었을지도 모른다. 정형시를 향한 시인의 내적 치열함이 시조의 주제로 퍼져나갔을지도 모를 일이다.

굽이 좁은 만큼
바람의 키를 낮추고

속의 것 다 비우니
빛마저 한 결 같다

삼가듯 혼자일 때도
단정한 이 몸가짐

―「달항아리 - 중용」 전문

소매 다 해진
흰 두루마기 한 벌에도

뼛속을 겨누는
서릿발 칼바람에도

담담히
풍설에 맞서는
꺾이지 않는 흰 기품

―「달항아리 - 선비정신」 전문

'중용中庸'은 중간이나 가치중립성을 뜻하지 않는다. 책임을 회피하는 안분지족의 탈속성도 아니다. 그것은 바람의 키를 낮추고 속의 것을 비우는 겸허의 자세에서 출발한다. 그리고 "빛마저 한 결" 같은 마음으로 "삼가듯 혼자일 때도/단정한 이 몸가짐"을 가지는 자기 절제의 태도를 함축한다. 이러한 몸가짐이야말로 고스란히 달항아리의 것이자 시인 자신의 것일 터인데, 그래서 우리는 권갑하의 시조를 일러 '중용의 시학'이라 불러 무방할 것이다. 이렇게 달항아리에는 "허기조차 내색 않는/묵묵한 그 기품"(「달항아리 - 청빈」)이 있고, 궁극적으로는 "햇살도/안으로 스밀 때/맑아지는 숨결"(「달항아리 - 장독」)이나 "헛헛한/갈망의 떨림/귀 따가운 저 침묵"(「달항아리 - 고요」)까지 들어 있을 것이다.

또한 시인은 '선비정신'이라는 제목을 통해 "소매 다 해진/흰 두루마기 한 벌"과 "뼛속을 겨누는/서릿발 칼바람"이라는 열악한 조건에서도 "담담히/풍설에 맞서는/꺾이지 않는 흰 기품"을 지켜온 이 나라의 결곡한 힘을 노래한다. 그 정신의 내질內質에는 "세종의 맑은 뜻/검소한 조선의 결"(「달항아리 - 어기」)이 담겼고 "둥글게/어수룩한 대로//텅 비어/헛헛한 대로"(「달항아리 - 무위」) 살아온 빛나는 정신들이 담겼고 "하얀보다 더 하얀/고요 속 눈 뜬 혼빛"(「달항아리 - 하양꽃」)도 빛나고 있을 것이다. 마지막으로 우리는 권갑하 시인이 노래한 비유적인 삶의 본령에 가닿게 된다.

    빛으로 증언하는 묵묵한 고백엔
    혼을 불태운 이의 숨결이 배어 있다

    아내의 잠처럼 깊은
    우주의 푸른 숨소리

―「달항아리 – 숨결」 전문

둥근 가마 속에
생을 밀어 넣는다

불꽃처럼 타오른 혼,
맑고 희게 피어난

깨져도 꺼지지 않는
영원의 빛 품었네

―「달항아리 – 혼불」 전문

이제 우리의 삶은 "빛으로 증언하는 묵묵한 고백"과 "혼을 불태운 이의 숨결"로 누대累代의 동력을 얻는다. "아내의 잠처럼 깊은/우주의 푸른 숨소리"는 달항아리가 쉬는 숨결이기도 하지만, 온전하게 중심을 잡은 이들이 마음속에 담은 "흙의 꿈/불의 사랑"(「달항아리 - 조화」)이기도 할 것이다. 그 숨결은 "금 간/자리마다/깊게 스민/맑은 별빛"(「달항아리 - 균열」)처럼 우주적인 것이자, "이별마저/껴안은/부드러운 결"(「달항아리 - 합일」)처럼 일상적인 것이기도 하다. 또한 시인은 둥근 가마 속에 생을 밀어 넣어 생성된 불꽃처럼 타오르는 혼불을 통해, 맑고 희게 피어난 "영원의 빛"을 품으면서 가장 경건하고 초월적이며 아름다운 구경究竟을 보여준다. "그윽한 눈물 한 잔"(「달항아리 - 술독」)으로 "안으로 가만히 스미는/떨리는 눈물 한 점"(「달항아리 - 눈빛」)에 가닿았다가 "오롯한/무심無心만 간절히/나를 지울 때까지"(「달항아리 - 좌선」) 달려온 "지극한/담담함으로"(「달항아리 - 관조」) 말이다.

이처럼 권갑하 시인은 자신이 탐구하고 묘사하는 대상들이 어떤 근원적이고 성스러운 분위기에 감싸여 있다는 점을 결코 놓치지 않는다. 그 안에는 사물이 들려주는 성스러운 소리를 통해 원초적 통일성을 회복하고 완성하려는 열망이 줄곧 나타나고 있다. 그리고 시인이 귀 기울이고 있는 것 역시 그러한 성스러움을 담은 근원적인 '침묵의 소리'일 것이다. 이는 신성한 존재를 통해 자신의 목소리를 고요하게 들려주는 과정으로서, 달항아리에서 존재론적 근원을 발견하고 그 흔적들을 찾고자 하는 시인의 촉수가 단시조 안에 자리하고 있음을 보여준다. 우리는 정형 율격을 섬세하게 지키면서도 다양한 삶의 양상을 반영하는 일이 앞으로의 시조에 부여된 미학적 테마일 것이라고 생각하는데, 이러한 과제가 삶과 사물에 대한 직관적이고 고요한 세계를 담는 데 호환 불가능한 장처를 가진 권갑하의 단시조 안에서 이루어진 성취를 지금 목도하고 있는 것이다.

5. 우리말의 달항아리이자, 가장 한국적인 숨결

권갑하의 '달항아리' 연작은 사물의 존재론을 한참 동안 들여다보면서 외적 관찰과 내적 침잠의 과정을 동시적으로 탄생시킨 역작들이다. 그럼으로써 시인은 사물의 항구성과 순간성을 통합적으로 형상화하고, '언어를 넘어서는 언어 예술'을 통해 사물의 미세한 존재 양상을 가장 근원적인 언어로 채록해간 것이다. 언어를 넘어선 역동의 고요를 포착하면서, 언어가 숨을 멈추고 사물이 육체를 얻어 발화하는 순간을 새겨간 것이다. 시인은 이렇게 사물의 모습은 드러내고 자신의 마음은 은근하게 내보이는 작법을 취하면서, 참신한 이미지군群을 통해 달항아리의 본질에 직핍直逼해가는 목표를 단숨에 성취한다. 근원적 시선으로 사물의 속살을 낱낱 순간으로 보여준 문학적 성취에 크나큰 경의와 응원을 드린다.

우리가 잘 알듯이, 단시조는 정형 양식 가운데서도 서정의 구심적 본령을 지키면서 그것을 형식적으로 보편화하려는 의지를 끊임없이 구축해왔다. 압축과 여백의 미를 주축으로 하는 미학적 흐름을 완강하게 견지해온 것이다. 그만큼 단시조는 독자들에게 기억의 편의를 선사하면서 유력한 향수 대상이 되어준 전통을 가지고 있다. 권갑하의 '달항아리' 연작은 이러한 미학을 더욱 세련화하고 첨예화한 결과로서, 동일성에 바탕을 둔 '충만한 현재형'을 구상화한 가편佳篇들로 이루어져 있다. 그래서 그는 세계와 자아 사이의 균열을 넘어, 삶의 궁극적 완성을 추구해가는 고전주의자라고 할 수 있을 것이다. 이러한 미학적 지향을 선명한 영상으로 완성한 작품군群이 우리가 읽은 달항아리 연작인 셈이다.

 궁극적으로 그의 그림과 시조는 어느 하나가 다른 하나의 종속물로 떨어지거나 어느 하나가 다른 하나를 번안하는 데 멈추지 않는다. 시인이 이 두 가지 예술로 하여금 서로 대등한 수평성으로 친화하게끔 하는 데 예술적 목표를 두었기 때문이다. 한편으로는 화폭을 통해 존재자의 한순간을 담아내고, 한편으로는 언어를 통해 사물의 개별적 외관과 속성을 그려간 시인의 적공積功에 공감의 마음을 보내려 한다. "시조는 우리말의 달항아리이자,/가장 한국적인 숨결"(「남은 마음」)이라고 시인은 강조한다. 그렇게 불꽃처럼 타오르는 영원의 흰 빛에 대한 지극한 관조와 발견을 통해 삶의 지표를 유추하고 성찰해온 시인의 마음이 담긴 이번 시조집에 세상의 크나큰 반응이 있기를 기대해본다. 이로써 한국 시조는 융합 예술의 한 격조와 경지를 얻게 되었다.

■ 남는 마음

마음꽃, 은은히 피어나기를

달항아리를 그리기 시작했습니다.
소박하고 둥근 항아리에서
'우리 것'의 숨결과 정신을 느꼈기 때문입니다.

그 마음은 2024년 개인전으로 이어졌고,
다시 시로 번져 이 시집으로 태어났습니다.

시조는 우리말의 달항아리이자,
가장 한국적인 숨결이라 믿습니다.
숨결을 불어넣듯 빚어낸 일흔일곱 편의 시조—
그리움으로 피워 올린 저의 마음꽃입니다.

단시조집 『마음꽃 달항아리』는
'우리 것'에 대한 저의 작은 헌사입니다.
가슴마다 복된 기운이 스며
마음꽃 은은히 피어나기를 빕니다.

2025년 봄
권갑하 드림

마음꽃 달항아리

2025년 6월 5일 초판 1쇄 인쇄
2025년 6월 13일 초판 1쇄 발행

지은이 | 권갑하
펴낸이 | 孫貞順

펴낸곳 | 도서출판 작가
      (03756) 서울 서대문구 북아현로6길 50
      전화 | 02)365-8111~2 팩스 | 02)365-8110
      이메일 | cultura@cultura.co.kr
      홈페이지 | www.cultura.co.kr
      등록번호 | 제13-630호(2000. 2. 9.)

편집 | 손희 김치성 설재원
디자인 | 오경은 이동홍
영업 | 박영민
관리 | 이용승

ISBN 979-11-94366-81-2 03810

* 잘못된 책은 구입하신 서점에서 바꾸어 드립니다.

값 12,000원